GONZALO SANABRIA ANZOLA

SANIDAD PARA EL ALMA HERIDA

Visita nuestro sitio web:

ESTUDIOSYSERMONES.COM

Te invitamos a adquirir otros libros del escritor Gonzalo Sanabria (en Amazon.com):

El lenguaje del Espíritu Santo.
Palabras que transforman el corazón, 55 sermones para predicar, tomo 1.
Sermones para predicar, tomos 2, 3, 4, 5 y 6.
Bosquejos y sermones para predicar (y más de 100 libros que ha publicado).

DEDICATORÍA

Dedico este libro a mi buen Dios, por Su amor y paciencia conmigo. A Jesucristo mi salvador y maestro y al Espíritu Santo bendito Consolador. A mi esposa Andrea regalo de Dios y a mi hijo Daniel.

AGRADECIMIENTOS

A mi familia, a la iglesia que Dios me permite pastorear (por su apoyo y oraciones), a todos los que leen nuestras publicaciones, y por supuesto a Dios, quien me da la fuerza y la capacidad para escribir y desarrollar el llamado que me ha hecho.

Contenido

INTRODUCCIÓN:

No podemos evitarlo nuestro corazón es marcado con una serie de experiencias a lo largo de nuestra vida, y todas esas huellas afectan negativa o positivamente nuestra vida presente y la visión del futuro.

Las situaciones dolorosas llegan ser tan impactantes que obstaculizan el plan de Dios en nuestra vida, pero es allí donde Jesucristo viene con su poder sanador, él es restaurador por excelencia.

A veces no entendemos porque somos rebeldes a Dios, o porque herimos a nuestros seres amados, o porque no crecemos en nuestra vida espiritual.

Observamos que aunque Israel era el pueblo de Dios, a veces su actitud hacia el Señor era la de un pueblo pagano, a veces comparado con Sodoma y Gomorra ¿por qué? Es fundamental un acercamiento sencillo y genuino a Dios, donde permitamos su obra en los más profundo de nuestro ser.

Es el Espíritu Santo quien revela aún las cosas más profundas del hijo de Dios y las hace subir al corazón para ser identificadas, restauradas y sanadas. Este libro procura facilitar ese camino de sanidad para el alma herida.

También encontrarás principios básicos y esenciales para avanzar hacia la restauración de la plenitud que Cristo vino a traer al corazón del hombre. Este libro es una herramienta para caminar hacia el cumplimiento del plan de Dios contigo.

Capítulo 1

DIOS PUEDE RESTURAR LO DAÑADO

Ante las dificultades, crisis o tristes consecuencias de nuestras malas decisiones podemos optar por renunciar a la esperanza, a la fe o considerar que ya no podemos tener una nueva oportunidad.

Podemos llegar a concluir que todo termino para nosotros y que sólo nos espera un oscuro y frio futuro. Pero Dios nos cambia la perspectiva de la vida y cuando pensamos que todo acabó, él dice aquí comienza.

La Biblia nos relata un momento especial en la vida de Jacob: "Pero Esaú corrió al encuentro de su hermano Jacob y le abrazó, y se echó sobre su cuello, y le besó; y lloraron". Génesis 33:4.

Jacob había huido de su tierra natal porque su hermano Esaú pensaba matarlo por haber usurpado su lugar y recibir de su padre Isaac la bendición. Habían pasado ya unos veinte años, y durante todo ese tiempo Jacob no vio a sus padres, estuvo lejos de sus amigos y perdió la amistad con su hermano Esaú.

Por dirección de Dios y con su propia familia, Jacob regresa a su tierra, pero su corazón está inundado de temor (Por veinte años luchó contra aquel miedo cuando pensaba en su familia y en su tierra).

Su hermano Esaú viene a su encuentro con cuatrocientos hombres, y el temor de Jacob lo lleva a planear una estrategia para salvar su vida. Por eso envía a su familia delante de él con muchos regalos para apaciguar la ira de su hermano.

Pero, la reacción de Esaú no fue de venganza, ni rencorosa, él salió corriendo a abrazar a su hermano Jacob (¿Cuántas veces el miedo nos hace imaginar momentos dolorosos y trágicos, o nos lleva a planear estrategias innecesarias y vergonzosas?).

EL PERDÓN DERRIBA LOS MUROS:

Es interesante lo que nos dice el texto bíblico: "los dos lloraron", esas lágrimas expresan el resultado de una labor divina en sus corazones, Dios había trabajado con Jacob (pues a pesar de sus miedos, había regresado) y con Esaú (pues ya no tenía en mente matar a su hermano).

Hay circunstancias de nuestro pasado que por estar ligadas al dolor no quisiéramos recordar o tener que enfrentar de nuevo, es aquí donde nuestro Sanador, Jesucristo el Señor, manifiesta su poder y amor, conduciendo al ser humano al genuino perdón.

Cuando logramos perdonar a los demás sus ofensas y pedir perdón a quien hemos herido, nuestro corazón experimenta sanidad y liberación (recordemos que una de las palabras griegas usada en el Nuevo Testamento para perdonar es "apoluo" que significa además: poner en libertad, soltar).

Cuando el árbol de la amargura logra penetrar con sus raíces nuestro corazón, éstas consumen la vida, fuerza y gozo del ser humano. La vida se torna caótica, difícil, oscura, triste, y lamentablemente éste árbol comienza a exhibir sus amargos frutos, transmitiendo (con el estilo de vida y palabras) su mortal semilla en los otros corazones.

EL PERDÓN PRODUCE SANIDAD INTEGRAL:

El perdón no sólo trae sanidad y libertad, sino que nos permite crecer y permanecer firmes en ésta salvación tan grande, pues Jesús dijo:

"perdonad, si tenéis algo contra alguno, para que también vuestro Padre que está en los cielos os perdone a vosotros vuestras ofensas. Porque si vosotros no perdonáis, tampoco vuestro Padre que está en los cielos os perdonará".

En el texto bíblico leído (Génesis 33:4) vemos como estos hermanos deciden perdonarse, se abrazan y las lágrimas en sus ojos expresan la sinceridad de aquel momento sanador y restaurador.

El amor de hermanos vuelve a fluir, hay confianza, ayuda y convivencia entre ellos. La relación fue sanada, pues Dios puede restaurar lo dañado.

Por supuesto, generalmente el ejercicio del perdón va acompañado de un grado de dificultad, precisamente por el dolor causado, pero Dios está con nosotros para ayudarnos en ésta decisión y en éste estilo de vida, al que somos llamados para bendición de todos. El amor todo lo soporta, no se envanece, ni busca lo suyo (1 Corintios 13:4-5).

(Nota: Sí deseas ser informado de nuestros próximos libros y las promociones gratuitas que ofreceremos, y sí aún no lo has hecho, envíanos tu correo electrónico a: contactolibrosgs@gmail.com Será para nosotros un gusto que formes parte de nuestros contactos).

Puedes conocer todos nuestros libros en Amazon.com: <u>Pastor Gonzalo Sanabria</u>.

Capítulo 2

LA SANIDAD INTERIOR

A veces no entendemos porque somos rebeldes a Dios, o porque herimos a nuestros seres amados, o porque no crecemos en el Señor. Aunque Israel era el pueblo de Dios a veces su actitud hacia Dios era la de un pueblo pagano, a veces comparado con Sodoma y Gomorra (Jeremías 23:14) ¿por qué? Es esencial un acercamiento genuino a Dios, donde permitamos su obra en los más profundo de nuestro ser...

¿QUÉ ES LA SANIDAD INTERIOR?

Es un proyecto divino que procura la restauración integral del hombre. Dios ha diseñado restaurar al hombre caído y a la creación que sufrió las consecuencias de ésta caída en el Edén.

Al principio el hombre era completamente espiritual (quiero decir su espíritu gobernaba su ser), pero con la caída se volvió almático (gobernado por su alma), víctima de sus pasiones y sentimientos (perdiendo las virtudes del principio).

Es por eso que el hombre debe ser redimido en su totalidad, espíritu, alma y cuerpo (Éste cuerpo es sanado y será transformado, nuestra alma es restaurada y transformada, y nuestro espíritu recibe nueva vida y restauración, pues la Biblia misma nos enseña que el espíritu a veces padece algunas aflicciones, por ejemplo: "tribulación de espíritu", "quebrantamiento y aflicción de espíritu" entre otros).

Esto implica un trabajo desde el interior del hombre, desde su corazón, hablamos de salvación, restauración, sanidad, liberación, santificación, etc.

La sanidad interior es un proceso divino (No es algo inmediato, se inicia con el nuevo nacimiento en el Espíritu por la obra de Jesucristo y el Espíritu Santo). También es un tratamiento divino, es una obra de Dios, sólo él puede sanar y restaurar el corazón del hombre, pues al fin y al cabo es su Creador y lo conoce a la perfección.

RESULTADOS DE LA SANIDAD INTERIOR:

En primer lugar una vida sana. Hablamos de una sanidad integral donde se experimenta la restauración del ser humano en toda su composición: cuerpo, alma y espíritu. Por ejemplo la falta de perdón produce múltiples enfermedades (en el corazón, en la piel, parálisis, tumores, etc).

Un ejemplo bíblico lo vemos en Ana esposa de Elcana, quien por no poder tener hijos sólo lloraba, no comía, ni subía a adorar al templo (1 Samuel 1:1-7). A mediano plazo esto termina deteriorando la salud física, y por ende toda la persona termina siendo afectada por una aflicción del corazón. La sanidad interior restaura la salud.

En segundo lugar una vida santa. Hablamos pues de un corazón que camina en la voluntad de Dios, una vida que irradia la presencia de Dios. La santidad es el resultado de un corazón sano y restaurado.

Es dura la batalla de un corazón que quiere obedecer pero esta lastimado o resentido, pues difícilmente fluirá el amor, no es fácil perdonar cuando el dolor sigue vigente.

En tercer lugar una vida de servicio. Es decir llevaremos fruto para Dios, seremos vasijas que portan la gloria de Dios, que llevan la unción del Espíritu Santo, el apóstol Pedro lo dijo: "de lo que tengo te doy".

Un siervo de Dios está expuesto al rechazo, a la calumnia e incomprensión, y si su corazón no está sano y fuerte en Dios, todas estas circunstancias lo derribaran. La sanidad interior o sanidad del corazón nos capacita o hace aptos para el servicio a Dios.

FUNDAMENTOS DE LA SANIDAD INTERIOR:

Consideremos algunos fundamentos en lo que está basada la sanidad interior o sanidad del corazón: en primer lugar el sacrificio de Cristo, Isaías 53:4-5. Jesús sufrió todo esto no sólo para darnos seguridad de la salvación eterna en el cielo, sino para darnos sanidad aquí en la tierra: "llevó nuestras enfermedades... sufrió nuestros dolores... por su llaga fuimos nosotros curados...".

Esto lo demostró Jesús aún en su ministerio terrenal antes de la cruz: Lucas 4:16-19, la frase:

"Me ha enviado a sanar a los quebrantados de corazón"

Nos habla de una labor al interior del hombre, en corazones quebrantados, que según el término griego quiere decir, que han sido despedazados, estropeados, quebrados, derrotados completamente.

Así como también cuando nos habla de libertar a los cautivos y oprimidos, no habla de cárceles físicas, sino espirituales (Muchas cosas en nuestra vida provocaron el quebrantamiento o heridas del corazón y el encarcelamiento emocional).

En segundo lugar: la Palabra de Dios, Salmo 107:20 y Hebreos 4:12. La Palabra de Dios produce vida, es cortante (como un bisturí que corta los tumores del pecado), genera orden en la estructura del ser humano (espíritu, alma y cuerpo) y saca a la luz las malas intenciones de nuestro corazón, los secretos más guardados y ocultos que afectan la vida en abundancia que Cristo vino a traer.

Y en tercer lugar: la acción sobrenatural del Espíritu Santo, Isaías 61:1-4. Éste pasaje nos expresa la voluntad de Dios para su pueblo: sanidad de corazón, sanidad física, libertad para aquellos que están en cárceles espirituales, consolación, gozo, reedificación, restauración... Hoy día estamos en el ministerio del Espíritu Santo y esto es lo que él quiere traer a su pueblo.

Dios quiere trabajar en lo profundo de tu corazón, traer libertad, sanidad, restauración y orden a tu corazón, él requiere un acercamiento sincero, genuino, humilde, que reconoce su condición y necesidad, el Espíritu Santo quiere ayudarte. Permitamos a Dios hacer su obra en nosotros.

Capítulo 3

DIOS SANA LAS HERIDAS

Dios quiere confortar y sanar nuestra alma a través del perdón y su aceptación, también quiere el Señor guiarnos en nuestro camino. La voluntad divina se interpreta e identifica desarrollando una buena comunión personal con el Espíritu Santo.

Tal como la Biblia dice en Juan 10:24-29: "Mis ovejas reconocen mi voz, es por eso que me siguen y la obedecen", es fundamental entonces buscar a Dios y aprender a distinguir su voz para poder seguirla. Los paisajes palestinos son adornados con la figura del pastor y sus ovejas quien las cuida, las protege, las guía y las sana.

Nuestro Señor Jesucristo como buen pastor sana las heridas del corazón mediante la obra del Espíritu Santo. Consideremos ahora el Salmo 23 versículo 5, donde vemos que el pastor unge a sus ovejas, y reflexionemos en la similitud con el cuidado que el Señor tiene por nosotros.

Literalmente el pastor de tierras palestinas toma a la oveja herida (por un golpe, o con una espina de algún arbusto) y le plica aceite de oliva para aliviar su dolor y promover su sanidad. Al considerar nuestra vida lamentablemente, las heridas que más dolor traen son las producidas por las personas cercanas y queridas, de familiares y personas de confianza.

Tal vez son golpes intencionales o no, provocados por una palabra o una mala actitud. Pero lo cierto es que no es lo mismo que un desconocido nos falte el respeto a que lo haga alguien a quien le hemos abierto el corazón. Y cuanto más si esa persona es un padre o alguien a quien admiramos.

Podemos ver en ésta acción del pastor, una expresión de la obra de Dios, quien cubre al hijo herido y le unge con su aceite sanador, es decir con la unción del Espíritu Santo.

Sin embargo, en el proceso hay actitudes que debemos evitar cuando hemos sido heridos, traicionados o profundamente lastimados, pues nos llevarán a peores consecuencias. Debemos administrar correctamente las ofensas.

EVITA LA MALA ADMINISTRACIÓN DE LAS OFENSAS

Es necesario con la ayuda de Dios abordar el tema y procurar sanar la situación (veremos esto en detalle más adelante). Pero es necesario evitar cosas como:

Ignorar el dolor. Es decir que no ha pasa nada, cuando por dentro estamos destruidos.

Minimizarlo. Es cuando nos queremos convencer de que lo ocurrido no es de mayor importancia, cuando en realidad me está llevando a tomar malas decisiones.

Proyectarlo. Es aceptar que lo que hemos sufrido nos ha devastado pero que no es tiempo de resolverlo sino que esperaremos que en el futuro se solucione.

Escapar. Es tratar de evitar tanto sufrimiento tapándolo con otra cosa o huyendo.

Repasar una y otra vez lo ocurrido. Esto le da lugar al resentimiento y la amargura en el corazón y no permite que podamos madurar, por el contrario no podamos dejar el pasado atrás.

La amargura: es aquel resentimiento profundo en el corazón, que detiene tu futuro y tu crecimiento.

"Mirad bien de que nadie deje de alcanzar la gracia de Dios; de que ninguna raíz de amargura, brotando, cause dificultades y por ella muchos sean contaminados" Hebreos 12:15.

Cuando una persona permite que su corazón se llene de resentimiento, se convierte en alguien que no puede ser estable en sus emociones. Su presente está marcado por el dolor del pasado, y cualquier situación puede desencadenar una crisis emocional profunda.

El Salmo 39:2 revela como el dolor se agrava cuando callamos y no tratamos el asunto. No es cuestión de callar sino de confesar a quienes puedan ayudar (real y efectivamente) a salir de la cárcel del pasado.

La versión SP-BLS traduce el versículo de la siguiente manera: "Así que guardé silencio, y no dije una sola palabra. Pero eso no me ayudó en nada, pues mi angustia era mayor".

David estaba tan lleno de preocupaciones y problemas que prefería huir (Salmo 55:3-7). Y ¿Quién no ha pensado en salir corriendo en momentos de dolor? Y lo peor es que a veces se busca el escape escondiéndose detrás de vicios, drogas, o con un gran activismo que "ayude a no pensar".

Otros se cubren detrás de un carácter agresivo para no volver a ser lastimados o bien a través de máscaras que esconden verdaderamente su real condición. Pero más allá de todo el dolor vivido o recibido, Dios tiene el poder para sacar el corazón humano del pozo de la desesperación y llevarlo a vivir una vida de victoria.

COMO BUEN PASTOR JESÚS UNGE CON SU PODER SANADOR

El pastor ungía a sus ovejas y con ese aceite sanaba las heridas causadas por los depredadores, éste también servía como repelente natural contra los insectos que provocaban molestias e infecciones.

Dios es tu pastor y quiere sanar tu pasado y conducir tu vida por el camino correcto. Confía en Dios y abre tu corazón porque el Señor Jesús está atento a tu oración.

En Santiago 5:16 hay un principio muy importante para la sanidad de las heridas del corazón: la confesión y la oración. Es la oración de fe la que accede al poder de Dios.

Si estás con dolor en tu corazón es muy importante que además de decírselo a Dios, lo confieses a las personas correctas (con madurez espiritual y sabiduría de Dios). La clave es abrir el corazón. Pues esto no sólo hace liviana tu carga, sino que le muestras a Dios una actitud humilde. El orgullo es un enemigo de la sanidad.

No permitas que tu pasado gobierne tu presente. Suelta el dolor, renuncia al resentimiento y podrás vivir en libertad. Permite a Dios trabajar en tu corazón, permite que el aceite del Espíritu Santo venga sobre ti, Jesús quiere ungirte y bendecirte.

(Te invitamos a adquirir nuestro libro en Amazon.com: Bosquejos bíblicos listos para predicar).

Capítulo 4

PASOS PARA RESTAURAR EL CORAZÓN

Nuestro corazón es marcado con una serie de experiencias a lo largo de nuestra vida, y todas esas marcas afectan o alteran nuestra vida presente y la visión del futuro.

Estas situaciones llegan ser tan impactantes que obstaculizan el plan de Dios con nosotros, pero Jesucristo es nuestro sanador, él es restaurador por excelencia. Consideremos ésta Proción de las Sagradas Escrituras:

"No podía ya José contenerse delante de todos los que estaban al lado suyo, y clamó: Haced salir de mi presencia a todos. Y no quedó nadie con él, al darse a conocer José a sus hermanos.

Entonces se dio a llorar a gritos; y oyeron los egipcios, y oyó también la casa de Faraón. Y dijo José a sus hermanos: Yo soy José; ¿vive aún mi padre? Y sus hermanos no pudieron responderle, porque estaban turbados delante de él" Génesis 45:1-3.

Veamos entonces el proceso que se nos presenta en la vida de José. En primer lugar: abre el corazón.

La sanidad del alma es fundamental, y es necesario que el hijo de Dios la acepte y asimile, pues de lo contrario el corazón herido dañará a los que están bajo su dirección, por su inseguridad provocará deserción en sus filas y conducirá al caos y fracaso al grupo que dirige (sea su familia, iglesia, empresa, grupo, ministerio, etc). José fue libre en su expresión, abrió su corazón con sencillez y transparencia.

ES NECESARIO ENFRENTAR LOS MIEDOS Y EL DOLOR:

Hay muchas situaciones y temas que quisiéramos evitar, pero en la restauración del corazón deben ser abordados pues son generadores de dolor. Un segundo concepto que debemos considerar es: avanza contra tus miedos.

"Entonces dijo José a sus hermanos: Acercaos ahora a mí. Y ellos se acercaron. Y él dijo: Yo soy José vuestro hermano, el que vendisteis para Egipto" (Gén. 45:4). A pesar del dolor y las heridas, José crea un espacio de acercamiento, un espacio propicio, y allí se sincera ante sus hermanos. No huyó del dolor, lo enfrentó con la ayuda de Dios.

A veces pensamos que las cosas se arreglan solas con el paso del tiempo, pero en realidad las heridas del corazón requieren atención, de lo contrario siempre estará allí el dolor (y todo lo que esto implica: complejos, temores, sentimientos de culpa, miedos, rechazos, etc).

En tercer lugar: Identifica la mano de Dios en el proceso, José reconoce que la mano de Dios ha estado en todo éste asunto, por eso dice: "no me enviasteis acá vosotros, sino Dios, que me ha puesto por padre de Faraón y por señor de toda su casa, y por gobernador en toda la tierra de Egipto" (Gén. 45:8).

José tiene 39 años de edad, y ha reconocido que a pesar de todo, la mano del Señor ha estado por encima de todas las circunstancias, y que el plan de Dios es glorioso y para bendición de muchos.

Cuando una vasija del alfarero, llega a ocupar un lugar de privilegio en el palacio real, ha pasado por todo un proceso de formación, por eso dice la Escritura: "pero tenemos este tesoro en vasos de barro, para que la excelencia del poder sea de Dios, y no de los hombres" 2 Corintios 4:7.

No te enojes, no te quejes, no consientas la auto conmiseración, mira las circunstancias y a los otros como instrumentos de Dios que te empujan o impulsan al plan divino, y avanza hacia la meta en Cristo Jesús.

EL GENUINO PERDÓN ACTIVA MUCHAS BENDICIONES.

Es necesario perdonar sinceramente (Génesis 45:14-15). José abrazó a sus hermanos y lloró con ellos. Dice el texto que: "y después sus hermanos hablaron con él". ¿De qué hablaron? La palabra hablar aquí, es traducida del hebreo "dabár" cuya raíz propiamente traduce: arreglar.

Así pues había mucho que hablar y aclarar con José, pedir perdón, gozarse por todo lo que Dios había hecho con él, etc.

Cuando arreglamos las cosas en la casa (familia), y hay perdón en nuestro corazón, muchas cosas se desatan o se liberan, y la bendición de Dios fluye en casa: "Y no os preocupéis por vuestros enseres, porque la riqueza de la tierra de Egipto será vuestra" Génesis 45:20. El perdón permite el fluir de mayores bendiciones de Dios.

El Señor quiere bendecir a sus hijos, pero a veces las heridas del corazón estorban esto. Pero en Dios siempre encontraremos perdón y él nos enseña también a perdonar, de ésta manera vendrá la sanidad y la bendición a nuestra vida y a nuestra casa.

(Te invitamos a adquirir nuestro libro en Amazon.com: 75 Sermones para estudiar y predicar).

Capítulo 5

LA RESTAURACIÓN DEL APÓSTOL PEDRO

Los evangelios nos enseñan que cuando Pedro negó por tercera vez a Jesús, el gallo cantó, y Pedro se acordó de las palabras del Maestro y lloró amargamente. Posteriormente decide volver a su antigua profesión: pescador. Los demás discípulos fueron con él.

Seguramente todos dieron por terminado el asunto del ministerio. Su corazón estaba sin esperanza y sin dirección. Pero, Jesús resucita, los busca, se aparece a ellos y les recuerda el llamado. Ese es nuestro Dios, quien nunca desecha ni olvida sus planes.

Jesús resucitado viene a Pedro, y entabla con él una conversación que culmina con la restauración del apóstol. Jesús "Le dijo por tercera vez: Simón, hijo de Jonás, ¿me quieres? Pedro se entristeció de que le dijera por tercera vez: ¿me quieres?, y le respondió: Señor, tú lo sabes todo; tú sabes que te quiero. Jesús le dijo: apacienta mis ovejas" Juan 21:17.

Cuando consideramos la restauración de Pedro, debemos observar con detalle las acciones previas del Señor. Según el evangelio de Juan 21:4-8, después de resucitar Jesús va al encuentro de sus discípulos, y desarrolla las siguientes acciones:

Los llama "Hijitos", aunque lo habían abandonado, y Pedro lo había negado; fue un llamado con amor (Creo que cualquiera de nosotros los habría reprendido primero). Los lleva al lugar de la bendición ("Echad la red a la derecha..."). Compartió con ellos y les dio de comer. En ningún momento los reprendió o rechazó.

El discípulo a quien Jesús amaba, Juan, fue el primero en reconocerlo (Recuerda que Juan se recostaba en su pecho; Dios se revela y enseña sus secretos a aquellos que lo aman).

Pedro, se ciñó la ropa para encontrarse con su Señor, esto nos recuerda que la Iglesia para encontrarse con su Señor, debe estar vestida de gloria, sin mancha ni arruga, santa, vestida de la justicia de Cristo. El Señor Jesús le habla a Pedro, pues Su palabra tiene el poder para restaurar, Juan 21:15a.

SÓLO DIOS PUEDE RESTUARAR REALMENTE EL CORAZÓN HUMANO

Veamos ahora la respuesta de Pedro y su restauración. Juan 21:15b-19, ésta porción nos hace reflexionar en el nivel de nuestro amor por Dios, Pedro negó a Jesús tres veces y tres veces es preguntado por el Señor (Jesús transforma las tres negaciones en tres afirmaciones).

Jesús en sus preguntas utiliza la palabra griega "agapao" para amar, y Pedro responde con el término griego "fileo" que traduce querer, la diferencia está en la intensidad, pues fileo es más familiar y amigable, menos intenso.

Esta experiencia marcó profundamente el corazón de Pedro, en cuyo corazón nace un gran amor por Jesús.

Luego vemos a Pedro, lleno del Espíritu Santo, quien predica en Pentecostés y miles se convierten, también confronta a los que negaron a Jesús pues les dice: "...vosotros entregasteis y negasteis a su Hijo Jesús...", Pedro puede hacerlo pues había sido restaurado de su propia negación.

Pedro lidera el avivamiento en Jerusalén, aquel que había abandonado el llamado, que había vuelto a su pasado: pescar en Galilea, ahora es un poderoso instrumento en las manos del Señor.

Es el escritor de las dos epístolas que llevan su nombre, 1ª y 2ª de Pedro. Fue un fiel discípulo del Señor hasta el fin, pues nunca más lo negó (muere crucificado, y por solicitud propia con la cabeza hacia abajo por cuanto no se consideró digno de morir como su Maestro).

Dios restauró su discípulo, sus ojos nunca dejaron de mirar a Pedro, Jesús trabajo en su corazón y lo llenó de su Espíritu Santo, ungiéndolo para un ministerio poderoso.

Pedro volvió a creer, a soñar, vuelve fluir en el poder del Señor multiplicado, pues antes fue usado por Dios para sanar y echar fuera demonios, pero ahora "sacaban los enfermos para que su sombra los tocase", Dios hacía "señales y milagros extraordinarios por medio de ellos".

Poderoso es Dios para restaurar a sus siervos con corazón dispuesto, pues el único requisito de Dios para restaurar el corazón que ha caído es disposición.

Puedes conocer todos nuestros libros en Amazon.com: <u>Pastor Gonzalo Sanabria</u>.

Capítulo 6

SANIDAD PARA EL ALMA HERIDA

La vida e historia de José el hijo de Jacob está llena de enseñanzas muy importantes para nosotros, no en vano la Biblia dedica varios capítulos a su vida. El gran propósito de Dios con él en Egipto estuvo precedido por el rencor de sus hermanos (incluso planearon matarlo), vendido como esclavo, y luego es enviado a la cárcel injustamente.

Todas estas circunstancias dolorosas en la vida (traición, rechazo, menosprecio, abusos, injusticias, etc) provocan heridas en el alma, hablamos de sentimientos de rencor, frustración, amargura, falta de perdón, y resentimientos profundos que reaparecen cuando nos encontramos en circunstancias similares o con las personas que causaron dicho dolor.

Veamos está porción de las Escrituras respecto a la vida de José, donde podemos ver cómo sus reacciones reflejan o dejan ver el dolor que había en su alma:

"José reconoció a sus hermanos en cuanto los vio; pero hizo como que no los conocía, y hablándoles ásperamente les dijo: ¿De dónde habéis venido?... De Canaán, para comprar alimentos... y les dijo: Espías sois" Génesis 42:7,9.

José el hijo de Jacob ha contado con el respaldo y bendición sobrenatural de Dios. De tal manera que ahora era el Señor de la tierra, quien le vendía trigo a todo el mundo (Génesis 42:6).

Ahora era un hombre de autoridad, poder y el faraón tenía plena confianza en él; así que, desde el punto de vista natural, José estaba en su mejor momento. Sin embargo, aparecen sus hermanos, trayendo con ellos los dolorosos y amargos recuerdos de la adolescencia de José.

Como cualquier ser humano, José reacciona ante ellos de acuerdo al dolor de las heridas producidas en el pasado (heridas que no habían sido sanadas), habían pasado 22 años aproximadamente, y José los trató con indiferencia, aspereza, los acusa de ser espías y los envió a la cárcel por tres días (Génesis 42:17).

Esto nos permite concluir que el paso del tiempo no sana las heridas, pues quien sana las heridas del alma se llama Jesucristo el Señor.

EVIDENCIAS DEL ALMA HERIDA:

Las reacciones de José son un espejo de las nuestras cuando no hemos perdonado.

La indiferencia ("hizo como que no los conocía") con la cual se pretende ignorar la realidad, la aspereza ("hablándoles ásperamente") con la cual se pretende demostrar la ausencia de cualquier debilidad, la falsa acusación (ellos no eran espías) y el encarcelamiento, actos con los cuales tal vez quería que sintieran el dolor que él sintió cuando lo lanzaron a una cisterna.

Tal vez hablamos de un inconsciente deseo de venganza o justicia propia, muy oculto en el corazón herido.

En otras ocasiones lo que puede venir al corazón es el deseo de ver el fracaso de aquella persona que actuó injustamente con nosotros. Todo esto está mal por supuesto, pero son reacciones comunes de un alma herida.

Es interesante ver que es posible seguir viviendo, lograr éxitos y grandes metas, y aun llegar a gobernar con el alma herida. A pesar de los grandes logros, José requería la sanidad de su corazón, y es Dios quien prepara el escenario.

No importa cuanta unción llegues a alcanzar, o cuan prospero llegues a ser, o los niveles de autoridad a los cuales Dios te permita llegar, siempre estaremos aprendiendo y siendo procesados por las manos del Alfarero Divino.

Es fundamental que ésta sanidad venga, que el hijo de Dios la acepte y asimile, pues de lo contrario, el corazón herido dañará a los que están bajo su dirección, por su inseguridad provocará deserción en sus filas y conducirá al caos y fracaso el grupo que dirige (sea su familia, iglesia, empresa, ministerio, etc).

El alma está compuesta por la mente, la voluntad y los sentimientos, la Biblia nos enseña que la mente debe ser renovada (por la revelación de la palabra de Dios), la voluntad debe ser rendida al señorío de Cristo y los sentimientos sujetos a la vida en el espíritu.

En todo éste proceso de restauración y sanidad de nuestra alma conoceremos aquello que nos afecta en el presente aunque forme parte del pasado. Veremos también que el perdón es la principal herramienta de sanidad y restauración para el ser humano.

El perdón es un estilo de vida, nos acerca a Dios, nos libra de la amargura, de la tristeza y trae sanidad y libertad.

El perdón nos conduce por el camino del propósito divino, y esa sanidad, esa libertad, será cada vez mayor y como un bálsamo del Dios sanador y restaurador, que nos impulsa y fortalece a seguir por la senda del llamado que Dios nos ha hecho.

El perdón es una decisión personal, no lo podemos delegar, así como tampoco podemos justificar la falta del mismo. Jesús nos enseñó: "ni no perdonáis a otros sus ofensas, tampoco vuestro Padre que está en los cielos perdonará las vuestras".

Si te es difícil perdonar, acude a Jesús él te ayudará a hacerlo de corazón, pues su interés no sólo es que seas sano sino que seas salvo de la condenación eterna.

Capítulo 7

ARRANCANDO LA RAÍZ DE AMARGURA

La Biblia no sólo nos habla textualmente, contiene un leguaje espiritual que es real y su afectación la vivimos en nuestro mundo natural.

Hay ciertos factores espirituales ocultos en lo profundo del corazón que precisamente por esto no se ven o distinguen, pero ellos afectan nuestro estilo de vida.

Al respecto tenemos por ejemplo la raíz de amargura, que como la mayoría de raíces no es visible, pero su afectación en la vida de la persona que la tiene es muy fuerte y puede llevar a la pérdida de las bendiciones de Dios. La siguiente porción bíblica nos dice:

"Mirad bien, no sea que alguno deje de alcanzar la gracia de Dios; que brotando alguna raíz de amargura, os estorbe, y por ella muchos sean contaminados" Hebreos 12:15.

Consideremos en primer lugar la definición de amargura: traducida del término griego "pikria" que además significa: rencor, resentimiento, punzante.

El Diccionario Swanson traduce este término como: "ser terriblemente envidioso". Hablamos de una raíz de rencor, de resentimiento, que provoca punzadas en el corazón. El término raíz desde el griego bíblico quiere decir además: fuente, causa, razón.

Entonces es un sentimiento de enojo u odio que por no sacarlo del corazón echa raíz allí, y luego produce unos frutos propios del árbol de amargura (porque la raíz no arrancada luego se hace árbol).

EL ORIGEN DE LA RAÍZ DE AMARGURA

Todo árbol es el resultado de una semilla, lo primero que aparece es la raíz ¿Cuáles son las semillas de la raíz de amargura? ¿Qué cosas convierten a un corazón en terreno fértil para estas semillas de maldad y muerte? Aquí describimos algunas:

a) Rechazo (en las diversas etapas del ser humano).

b) Injusticias recibidas (maltrato, castigos exagerados, abusos de autoridades, robos significativos, traiciones, continuo desamor de su cónyuge, etc).

c) Ofensas no sanadas (es una herida que no recibido el poder sanador de Dios).

d) La falta de perdón.

e) Fracasos personales no asimilados.

f) Disciplina incorrecta. El contexto en Hebreos 12 nos habla de la disciplina y de Esaú (Hebreos 12:7-10 y 16-17), veamos:

Respecto a la disciplina nos habla de aquella que recibimos de nuestros padres y la de Dios (A veces por abusos de los adultos la semilla del resentimiento se alberga en el corazón; y otras veces el creyente por la inmadurez y orgullo ante la formación divina se enoja con Dios y aún renuncia a su fe).

Esaú vendió su primogenitura por un plato de lentejas (fue un gran error que cometió, pues desechó y menospreció los privilegios de ser primogénito) y luego cuando quiso corregir su error ya no fue posible.

A veces ante un fracaso o una gran equivocación nos culpamos toda la vida, y por un enojo contra nosotros mismos la raíz de amargura se asienta en el corazón, y comienza a destruir la capacidad de soñar y conquistar.

CARACTERÍSTICAS DE LA RAÍZ DE AMARGURA:

La condición de la raíz de un árbol se puede concluir por sus frutos, sí el árbol tiene buen color, su follaje es apropiado, su tronco se ve sano y fuerte, y al probar su fruto es delicioso, podemos tranquilamente determinar que su raíz está sana.

Veamos algunas características o evidencias de la raíz de amargura en una persona:

a) Su carácter amargo le hace áspero(a) en sus relaciones.

b) El término griego para amargo, también traduce: afilado, agresivo (por sus palabras y acciones hiere a otros).

c) El rostro de la persona con raíz de amargura es serio, rígido, su mirada en ocasiones es triste (porque hay frustración e impotencia) y otras veces es soberbia y altiva (que en realidad es un escudo para impedir entablar relaciones con otros).

d) Su visión de la vida es triste y de fracaso (Por ejemplo en Rut 1:19-21).

e) La amargura considera a Dios injusto (Salmo 73:21, 2-3. Asaf dirigía la alabanza en tiempos del rey David, fluía en profecía y visiones, se le reconocen por lo menos 12 salmos. Sin embargo en un momento de su vida la amargura tocó su corazón y por poco blasfema contra Dios, pero al entrar en la presencia de Dios comprendió que el Señor es soberano y bueno. Dios nunca se equivoca él sabe lo que hace).

CONSECUENCIAS DE LA RAIZ DE AMARGURA:

a) La raíz de amargura es como una planta parasita que se come los nutrientes de vida del corazón, trayendo soledad, ruina, enfermedad, sequedad y muerte.

b) La amargura cautiva al corazón (es como si lo metieran en una cárcel espiritual, donde sufre escasez de vida y libertad). Recordemos por ejemplo que por el Espíritu Santo el apóstol Pedro le dijo a Simón: "Arrepiéntete... y ruega a Dios, porque en hiel de amargura y en prisión de maldad veo que estás".

c) La persona pierde la gracia de Dios: "Mirad bien, no sea que alguno deje de alcanzar la gracia de Dios; que brotando alguna raíz de amargura, os estorbe".

d) La raíz de amargura te aleja de Dios, porque finalmente la persona concluye de sí misma que es mala y perversa, y que Dios no le ama, y por tanto merece lo peor.

¿QUÉ DEBEMOS HACER?

(Al final de éste capítulo hay un ejemplo de oración al respecto)

a) Pedir perdón a Dios (por el resentimiento acumulado en el corazón).

b) Perdonar al ofensor (si te es difícil hacerlo inmediatamente, empieza a hacerlo en oración, y luego habla con la persona si es posible).

c) Renunciar al resentimiento o amargura (en oración expulsa ese sentimiento de ti).

d) Llénate del Espíritu Santo y de Su amor.

Dios es sanador, y procura lo mejor para sus hijos. Permitamos al Espíritu Santo obrar en nuestro corazón y con el poder de Dios desarraiguemos la raíz de amargura o resentimiento del corazón.

Ejemplo de oración renunciando a la raíz de amargura:

"Dios te pido perdón por el rencor y resentimiento que he guardado en mi corazón, perdono a (nombre aquellas personas que le han lastimado) y te pido que les bendigas con tu misericordia y salvación. Tu eres mi libertador Señor Jesucristo, quita hoy de mi corazón toda raíz de amargura y dolor, renunció al rencor y a toda raíz de amargura que en mi corazón se haya albergado, y te pido Dios llena mi corazón de tu amor. Gracias Señor Jesús por amarme y ayudarme a amar al prójimo".

Puedes conocer todos nuestros libros en Amazon.com: <u>Pastor Gonzalo Sanabria</u>.

Capítulo 8

VICTORIA SOBRE EL SENTIMIENTO DE CULPA

El enemigo del pueblo de Dios procura por cualquier medio detener el llamado de Dios con cada uno, y el sentimiento de culpa es una de sus armas. Éste sentimiento mal sano genera miedo y ansiedad ante "los castigos" por malas acciones, reales o imaginarias.

El sentimiento de culpa aparece por no perdonarnos a nosotros mismos, y por no creer en el poder pleno de la sangre del Cordero de Dios cuando le pedimos perdón al Señor. El sentimiento de culpa afecta a la persona y el plan de Dios en su vida.

Moisés nace en un tiempo de persecución (pues por orden del faraón todos los niños varones hebreos que nacieran en Egipto debían morir, ser lanzados al río Nilo), pero librado por Dios llegó a ser poderoso (Hechos 7:22, el término griego usado aquí para "poderoso" nos indica: apto, capaz, competente) en palabras y obras en Egipto, educado en toda la sabiduría de los egipcios.

Pero a los cuarenta años comete un homicidio pensando que era el momento de Dios y la manera correcta de empezar su comisión de vida: Hechos 7:23-28. Moisés cometió un gran error y "huyó, y vivió como extranjero en tierra de Madián, donde engendró dos hijos" Hechos 7:29.

Vemos que él vuelve a esconderse ante el enojo de Faraón (ya que siendo bebe sus padres lo habían escondido de faraón).

Moisés huye a tierra de Madián. Éste término Madián significa: juicio, que lucha o se esfuerza, que regaña o reprende, que cubre. Esto nos expresa como estaba Moisés, cubierto por un manto de condenación o de fracaso, luchaba y se esforzaba por vivir.

ALGUNAS EXPRESIONES DEL SENTIMIENTO DE CULPA:

a) Autocastigo (la persona requiere sufrir para sentirse aceptada por Dios).

b) Comportamientos compulsivos (adicciones al alcohol; las drogas; aventuras sexuales reales o virtuales; excesos de trabajo, de comida, etc).

c) Falsa humildad ("no merezco esto, soy muy malo").

d) Enfermedades del alma y físicas (somatiza su dolor emocional).

e) La relación con Dios se debilita (hay un alejamiento de Dios

f) La autoestima de Moisés, sus sueños y visión fueron anulados (Éxodo 3:11).

g) Sus capacidades y talentos fueron enterrados, recordemos que la Biblia dice que "era poderoso en palabras" (Éxodo 4:10).

h) La persona no cree que Dios pueda usarlo, no cree que Dios pueda hacerlo. (Éxodo 4:13).

DIOS QUITA EL PESO DE LA CULPA

Pero gracias a Dios que en él hay restauración. Recordemos que Jesús es nuestro sumo sacerdote, y por eso se compadece de nuestras debilidades ("debilidades" desde el griego bíblico "asdseneia" traduce también: fragilidad, incapacidad, timidez).

La Biblia nos invita a acercarnos a Aquel que nos comprende y tiene el poder para ayudarnos a superar esa dificultad y todas las demás.

Dios restaura la identidad de sus hijos, Mateo 3:13-17. Jesús sabía quién era, aunque las autoridades religiosas y muchos dijeran otra cosa. Dios restauró la identidad de Moisés, pues él dijo:

"¿Quién soy yo para ir...?" y por eso Dios se le reveló: "YO SOY EL QUE SOY", no eres tú, es Dios en ti, no se trata de lo que puedes hacer, sino de cuan poderoso es Dios para hacerlo a través de ti. Nuestra identidad está en la persona de Jesucristo y "en él estamos completos".

Seguramente hemos cometido fallas, quizá hemos pecado, pero es el tiempo de arrepentirnos con un corazón sincero, y aceptar por la fe su perdón. Sin fe es imposible gradar a Dios, cree en el perdón completo de Dios, pues Jesús no derramó en parte Su sangre, su sacrificio es completo y total para redimir toda culpa y todo ser humano, sin importar su condición.

Confía en su poder para llevar a cabo el plan con el cual te diseñó desde antes de la fundación del mundo. Confía en Su poder él es restaurador por excelencia.

Capítulo 9

¿CÓMO VENCER EL AFÁN Y LA ANSIEDAD?

El apóstol Pablo confiaba en Dios a pesar de todas las dificultades que tuvo que vivir, ésta confianza y seguridad en el Señor es una gran enseñanza para nosotros hoy día, pues vivimos en un mundo lleno de afanes, adversidades, obstáculos y deseos egoístas.

Cada mañana el ser humano se levanta para correr y alcanzar sus metas y deseos que generalmente giran en torno a los bienes materiales (creo firmemente que Dios quiere bendecir a sus hijos, pero la prioridad es él mismo, no sus bendiciones).

Recordemos las palabras del Maestro: "Buscad primeramente el reino de Dios y su justicia, y lo demás vendrá por añadidura".

La Biblia nos dice: "Por nada estéis afanosos, sino sean conocidas vuestras peticiones delante de Dios en toda oración y ruego, con acción de gracias" Filipenses 4:6.

El texto nos aconseja: acude a Dios y evita el afán, la angustia, y la ansiedad. Otras versiones traducen el término "afanosos" como: inquietos, afligidos, angustiados, ansiosos, preocupados. El consejo es acercarse a Dios, y poner en sus manos la dificultad, dando gracias como un acto de fe.

En el Salmo 73 vemos al salmista Asaf con su mente confundida y siendo tentado a hacer lo malo, versículos 12-16 (pues ve la "prosperidad del impío").

Pero entrando en la presencia de Dios logró entender el carácter del Señor, y en los versículos 22-25 expresa que él comprendió que aunque cantaba y servía a Dios en el templo, en lo profundo de su corazón se había estado alejando del Señor, y por tanto había empezado a dudar de Dios mismo y de su bondad: versículos 27-28.

Recordemos que algunas veces nuestros labios pueden estar lejos de la verdad de nuestro corazón, quiero decir hay expresiones piadosas e incluso de adoración pero son formalismos religiosos, pues el altar del corazón está apagado, sin fuego por Dios.

El Señor lo dijo: "con sus labios me honran, pero su corazón está lejos de mí". Es posible escuchar frases como: "esperemos en Dios" pero en realidad el deseo de corazón es darle si fuera posible órdenes a Dios.

DEPOSITA TU PREOCUPACIÓN EN LAS MANOS DE DIOS

La verdadera paz viene sobre ti cuando encomiendas a Dios tu camino y esperas en él: "Y la paz de Dios, que sobrepasa todo entendimiento, guardará vuestros corazones y vuestros pensamientos en Cristo Jesús" (Filipenses 4:7).

Huirá la tristeza, la aflicción, y la angustia, y la paz de Dios guardará y protegerá tu corazón y tu mente de todo dardo de duda e incredulidad.

El mundo de hoy busca la paz y la tranquilidad, por eso las drogas, los medicamentos, tónicos, clínicas de reposo, etc, pero la verdadera paz el hombre sólo la encuentra en Cristo, y ésta paz sobrepasa nuestro entendimiento.

Porque aunque las rejas estaban ante los ojos de Pablo (él estaba encarcelado cuando escribe ésta carta a los filipenses), estaba gozoso, tranquilo y más bien aprovechó el momento para evangelizar a los soldados de la cárcel romana donde estaba preso; y por esta seguridad en Dios es que pudo animar a los que estaban afuera.

Pablo confió en Dios y finalmente salió libre. Recordemos también que los tres jóvenes amigos de Daniel, confiaron en Dios y aunque fueron lanzados al horno de fuego las llamas no pudieron hacerles daño. Porque la fe y confianza en Dios nos libra del enemigo de nuestras almas.

Cristo confió en su Padre celestial y resucitó. Nosotros podemos confiar en nuestro Dios y venceremos, veremos su gloria, porque él lo dijo: "todo aquel que cree en mí, nunca será avergonzado", esa fe y confianza en Dios hace que la paz del cielo inunde el corazón del creyente y avance confiado en su Señor.

La paz de Dios es un escudo que guarda la mente del creyente, protege su intelecto y su corazón, ésta sólo es hallada estando en Su presencia, fortaleciendo la comunión con Dios, y cuando se permite a Jesús hacer la obra que el ser humano no puede hacer.

Deposita en el Señor todo tu corazón, él no te decepcionará. Decide poner en las manos del Señor tus preocupaciones, amalo y síguelo, haz tu parte con sabiduría, y confía en Dios y él hará.

Capítulo 10

¿CÓMO DERROTAR EL RESENTIMIENTO?

Aunque Jesús hizo la voluntad de Dios, tuvo que enfrentar el rechazo, la burla, oposición y la traición, pero su perseverancia alcanzó salvación para todos.

Cuando consideramos también el ministerio del apóstol Pablo podemos ver persecución, murmuraciones y calumnias contra él, muchos peligros, enfermedad, varias decepciones, soledad, muchas veces incomprendido, continuos ataques espirituales y físicos; pero vemos que al final dijo:

"He peleado la buena batalla, he acabado la carrera, he guardado la fe, y me está guardada la corona de justicia", el enemigo hasta el fin lo acechó, pero Pablo se fortaleció en Jesucristo nuestro Señor y pudo vencer, porque más grande es nuestro Dios que cualquier poder y estrategia del enemigo.

En las diferentes etapas de la vida el corazón humano puede recibir maltrato y abusos que generan sentimientos de enojo profundos y que luego afectan haciéndose evidentes en nuestro diario vivir.

Reflexiones en el siguiente texto: "Hablando ellos al pueblo, vinieron sobre ellos los sacerdotes con el jefe de la guardia del templo, y los saduceos, resentidos de que enseñasen al pueblo, y anunciasen en Jesús la resurrección de entre los muertos. Y les echaron mano, y los pusieron en la cárcel hasta el día siguiente, porque era ya tarde" Hechos 4:1-3.

LOS ESPÍRITUS INMUNDOS PROCURAN DETENER LOS PLANES DE DIOS.

Una de las estrategias que el enemigo utiliza es el resentimiento, el enojo o rencor. Consideremos primero que el término resentimiento en el griego bíblico indica desagrado, indignación, estar dolorosamente angustiado.

El texto de hoy nos enseña que los sacerdotes (en su mayoría fariseos) y los saduceos, aunque diferían en doctrina se unieron para hacer el mal, ellos estaban "resentidos" y motivados por ese enojo hicieron encarcelar a los apóstoles.

Cuidémonos del resentimiento y del rencor, pues estos ciegan el buen juicio. Vemos que aunque eran sacerdotes no lograron ver que la obra era de Dios. Dirigían la vida espiritual de Israel pero llevados por el resentimiento estaban peleando contra el Señor.

Esto nos enseña que no importa cuánto conocimiento bíblico tengamos, o que nivel de autoridad Dios nos ha entregado, debemos desechar el resentimiento o éste nos llevará a cometer grandes y graves errores (tengamos presente también que la falta de perdón introduce el corazón en una cárcel de maldad).

Debemos ver también como el enemigo procura cautivar o encarcelar a los hijos de Dios. Dice el texto que: "los pusieron en la cárcel". Las cárceles y cautiverios no solo son físicos, recordemos que las verdades físicas son resultados de las espirituales.

La misma Escritura nos dice: "Lo que se ve, fue hecho de lo que no se veía", el profeta Isaías acerca del Señor Jesús profetizó: "He aquí mi siervo, mi escogido... he puesto sobre él mi Espíritu; él traerá justicia a las naciones... para que abras los ojos de los ciegos, para que saques de la cárcel a los presos, y de casas de prisión a los que moran en tinieblas".

Un ejemplo de esto lo vemos en el cautiverio del endemoniado gadareno, Jesús lo liberó y se convirtió luego un evangelista que llevó el mensaje por toda Decápolis.

Jesús en su ministerio terrenal no sacó a ningún preso de una cárcel física, esto hacía referencia a todos aquellos que fueron libres de las ataduras, cadenas y cárceles espirituales por Su poder en Israel.

LA MÁS PODEROSA ARMA DEL UNIVERSO ES EL AMOR

Cuidémonos del resentimiento y de las heridas en el corazón, pues sin querer tal vez, seamos usados por el enemigo para estorbar la obra del Señor. Por eso es fundamental cuando así se requiera ejercer el perdón ("perdonándoos unos a otros, como Dios también os perdonó en Cristo").

El perdón es la herramienta de Dios para vencer el resentimiento. Cuando este sentimiento de maldad se alberga en el corazón trae no sólo sufrimiento emocional sino aun físico (es decir esto termina afectando la salud de la persona).

Los apóstoles hicieron su labor a pesar de la gran oposición, ellos enfrentaban persecución por parte del imperio romano, por parte de las autoridades religiosas del momento, por parte de los judíos no creyentes y una fuerte oposición espiritual demoniaca.

Los apóstoles no se rindieron, ellos se fortalecieron en Dios. No cedamos ante el enojo o ante los deseos de venganza, derrotemos el resentimiento con el perdón y el amor de Dios.

Las grandes conquistas nunca han sido fáciles, Hechos 4:4 nos dice que "muchos de los que habían oído la palabra, creyeron; y el número de los varones era como cinco mil".

Recordemos que Josué tuvo que esforzarse, ser valiente, perseverante, superar crisis, y muchas otras cosas para conquistar la tierra prometida. De la misma manera como los apóstoles y Josué, nosotros debemos ser esforzados y valientes en el Señor, y veremos su gloria y poder a nuestro favor.

Es interesante ver que cuando el resentimiento en nosotros o en otros es derrotado por el amor, por el perdón, y por el poder de Dios, los resultados son gloriosos, pues la gloria de

Dios fluye sin obstáculo (vemos en el texto bíblico de Hechos 4 que miles y miles de personas se convertían a Jesucristo).

Dios ha prometido estar con nosotros, seguramente en el camino encontraremos obstáculos que superar (como el resentimiento), pero con la fuerza y amor del Señor avanzaremos.

No permitamos que el enemigo siembre la semilla del resentimiento en el corazón, caminemos en el poder y en el amor de Jesucristo.

Dios envió Su Hijo por amor, el Señor Jesús se sometió a la más dolorosa muerte por amor, Dios nos cuida y enseña por amor, y su más grande mandamiento es amarlo a él y a nuestro prójimo.

Si vamos a Su presencia reconociendo que nos cuesta trabajo amar, él nos dará más de sí e incluso podemos como dice la Biblia: "soportar los que son difíciles de tolerar".

Guiado por Dios, en Su tiempo y en lo posible habla con la persona que te hirió para perdonar su ofensa, recuerda que debes contar con la sanidad de Dios para hacerlo y la sabiduría del cielo, aquella que es primeramente pacifica, amable, benigna y llena de misericordia, para hablar correctamente.

Aunque haya resentimiento en tu corazón por alguna circunstancia a causa del amor de Dios no sólo podrás perdonar, sino desarrollar una mayor capacidad de tolerancia hacia los demás.

Pide a Dios en oración que llene tu vaso de Su amor y tú mismo te sorprenderás de lo que él hará.

Capítulo 11

EL PODER SANADOR DEL PERDÓN

Muchas veces oímos decir "debes perdonar" y también sabemos que hacerlo es la voluntad de Dios, pero es muy importante saber los efectos y el poder que tiene la acción de perdonar. Leamos y consideremos la siguiente reflexión:

En la escuela estudiábamos el resentimiento y el maestro nos había pedido que lleváramos papas y una bolsa de plástico. Ya en clase elegimos una papa por cada persona a la que le guardábamos rencor, y escribimos su nombre en ella y la pusimos dentro de la bolsa.

Algunas bolsas eran realmente pesadas. El ejercicio consistía en que durante una semana lleváramos con nosotros a todos lados esa bolsa de papas. Naturalmente la condición de las patatas se iba deteriorando con el tiempo.

La molestia de llevar a cuestas esa bolsa en todo momento me mostró claramente el peso espiritual que cargaba a diario, y como desatendía cosas que eran más importantes para mí. Y entendí que todos tenemos papas pudriéndose en nuestra mochila, y que cuando me llenaba de resentimiento, aumentaba mi stress, no dormía bien y mi atención se dispersaba.

La falta de perdón es como un veneno que tomamos a diario a gotas, pero que finalmente nos termina quitando la vida. Muchas veces pensamos que el perdón es un regalo solamente para el otro, sin darnos cuenta que los más beneficiados somos nosotros mismos.

La Biblia nos dice: "Antes sed benignos unos con otros, misericordiosos, perdonándoos unos a otros, como Dios también os perdonó a vosotros en Cristo", Efesios 4:32.

RESULTADOS DEL RENCOR:

Es muy importante considerar aquí el significado de la palabra perdón: En el griego del Nuevo Testamento esta palabra traduce varios significados muy importantes cada uno: Liberación, enviar afuera, despedir, otorgar un favor de forma incondicional.

El perdón es una decisión, en la cual se renuncia al resentimiento o rencor hacia el ofensor, así como al reclamo de un castigo. Perdonar nos permite ver la gloria de Dios, mientras que la falta de perdón nos lleva a ser agresivos y dañinos.

No perdonar es cargar con el gran peso que genera el rencor, pues éste produce molestia, angustia, insatisfacción, y malos pensamientos.

El rencor o resentimiento es un sentimiento hostil, alimentado por el recuerdo de una ofensa o daño recibido (es la falta de perdón). El rey Saúl perdió el reino, nunca superó su rencor hacia David.

Aunque éste nunca lo atacó, el rey Saúl tenía grandes problemas de autoestima, y su corazón se llenó de enojo, en varias ocasiones intentó matar a David, aún a su propio hijo por ser amigo de David.

Jonás no experimentó el gozo de ser usado por Dios, ni entendió los planes divinos, él huyó de Dios para no ir a Nínive, pero ante el trato de Dios fue y predicó allí, y ante éste mensaje los ninivitas se arrepintieron, pero él seguía esperando que Dios los destruyera porque su corazón estaba resentido contra ellos.

Una versión dice: "Jonás se enojó muchísimo, pues no le gustó que Dios hubiera perdonado a la gente de Nínive". Dios no puede perdonar a quien no perdona, Marcos 11:25-26. Entonces perdonar promueve las bendiciones de Dios.

EL PERDÓN GENERA UNA BENDICIÓN INTEGRAL

Consideremos ahora los resultados del perdón en la vida de José: José fue exaltado en Egipto y disfrutó la restauración familiar, Génesis 45: 4-15.

José estaba siendo bendecido por Dios en Egipto, pero su corazón necesitaba sanidad pues estaba herido por lo que sus hermanos le habían hecho en el pasado (las ofensas y heridas más profundas son las causadas por las personas más cercanas a nosotros). José los perdonó y vuelve a disfrutar el amor de familia.

Cuando José perdonó a sus hermanos podemos ver varias cosas que se dieron como resultados positivos:

1) Autoridad: José sin duda, fue un mejor gobernante.

2) Prosperidad: Egipto se convirtió en una nación muy prospera en medio de tiempos difíciles.

3) Gozo: su familia estaba reunida de nuevo.

4) Bendición ministerial: fue usado por Dios "para mantener en vida a mucho pueblo" y "sustentó a sus hermanos" los hebreos.

5) Salud y longevidad: Génesis 50:22-24.

6) Vida eterna: es necesario perdonar para ser perdonados por Dios.

Dios tiene planeado para nosotros lo mejor, bendiciones, lugares de privilegio, restauración familiar, sanidad y vida eterna, pero él requiere que perdonemos, tu corazón debe estar libre del resentimiento, y Dios está contigo para ayudarte.

Levantamos una oración ahora mismo: "Señor bendigo a todos los que de alguna manera me han ofendido o herido, los perdono y te pido que los ayudes a conocerte. Llena mi corazón de tu amor para perdonar, para amarte a ti y toda mi familia. Amén".

Puedes conocer todos nuestros libros en Amazon.com: <u>Pastor Gonzalo Sanabria</u>.

Capítulo 12

¿CÓMO DOMINAR EL MIEDO?

Es interesante ver cómo los siervos de Dios a lo largo de la biblia lucharon contra el miedo, pues vemos que no es algo ajeno a nuestra naturaleza humana.

Por ejemplo nos dice la Escritura que "Después de estas cosas vino la palabra de Jehová a Abram en visión, diciendo: No temas, yo soy tu escudo, y tu galardón será sobremanera grande" Génesis 15:1.

La frase "Después de éstas cosas" nos hace mirar atrás ¿Qué había sucedido? En el capítulo anterior Abram había enfrentado a quienes habían secuestrado a su sobrino Lot, familia y bienes. La batalla había sido intensa, pero finalmente Dios le dio la victoria sobre sus enemigos (eran cuatro reyes cananeos).

Inmediatamente después de esta batalla y victoria Dios habla a Abram y lo primero que le dice es: "No temas". Frase que frecuentemente usó (y usa) el Señor para hablar a sus hijos y siervos, por ejemplo se lo dijo al profeta Jeremías, a Gedeón, a Josué el conquistador, a Pablo el apóstol, y hoy a nosotros.

Aquí se lo dice a Abram, pues seguramente temía las represalias de los reyes cananeos que había derrotado, o temía su futuro, o quedarse sin hijo (ver Génesis 15:2-3), pero Dios que conoce el corazón de Abram, le habla fortaleciendo su fe.

EL MIEDO ES DERROTADO POR LA FE EN DIOS.

El miedo actúa como un antónimo de la fe, pues la fe es la certeza de lo que se espera y la convicción de lo que no se ve, y el miedo también pero en sentido contrario.

Quiero decir el miedo tiene la certeza de algo malo que viene y la convicción de una tragedia que no se ve. Entonces el miedo comienza ser derrotado cuando fortalecemos la fe mediante la lectura y estudio de la palabra de Dios y la comunión con él.

Dios le explica a Abram porque no debe temer: "yo soy tu escudo", algo así como: "aunque no tengas ejércitos como ellos, yo soy tu ejército" o "aunque no tengas corona como ellos, yo soy tu corona y poder".

La palabra "escudo" aquí, viene de un término hebreo que además traduce: defensa, protección, arma. Esto era Dios para Abram (y también para nosotros, pues también es nuestro Dios y él no cambia). Cuando decides confiar en Dios el miedo empieza perder su terreno y fuerza.

Ahora el Señor le hace una promesa a Abram: "tu galardón será sobremanera grande". Al observar las Escrituras vemos que Dios anima a sus hijos (ejemplo que los padres debemos imitar), y lo hace de diversas maneras, en éste caso promete un "gran galardón" que traducido del hebreo significa: "multiplicación de la recompensa", "gran salario".

En el vrs. 18 "Dios hace un pacto con Abram, diciendo: a tu descendencia daré esta tierra", y podemos concluir entonces que las bendiciones, galardones, y recompensas que el Señor envía, no sólo son para nosotros sino también para nuestra descendencia.

Dios es nuestro escudo, nuestra fortaleza, por tanto debemos desechar el miedo, porque Dios está al tanto de todo, él pelea por nosotros, recordemos que uno de sus nombres es "Jehová de los ejércitos".

Continuemos en el camino de Su propósito, sin desmayar, él ha prometido bendecir. Adelante, los que avanzan y perseveran son los que llegan a la meta.

No esperes que el miedo desparezca, avanza contra él fortalecido en Dios, pues está escrito: "No nos ha dado Dios espíritu de cobardía sino de amor, poder y dominio propio" (2 Timoteo 1:7).

Capítulo 13

LIBRES DE LA ANGUSTIA

Cuando el ser humano enfrenta momentos críticos y ha estado bajo presión por un tiempo considerable la angustia (término que bíblicamente significa: lamento, dolor, aflicción) se adueña de su corazón.

La angustia nace en un marco de miedo y culpa, la Biblia nos narra por ejemplo: "Y edificó allí un altar, y llamó al lugar El-bet-el, porque allí le había aparecido Dios, cuando huía de su hermano". Génesis 35:7.

Jacob edificó un altar a Dios, y esto implica trabajo y esfuerzo. El altar es símbolo de la adoración a Dios y la comunión con él. Debemos reconocer que la comunión con Dios demanda de nosotros perseverancia, expectativa y una continua pasión por el Señor, pues es algo que no se construye de la noche a la mañana (requiere tiempo).

Años atrás Jacob había estado en éste mismo lugar y había tenido un encuentro con Dios y llamó a ese lugar: Bet-el, que significa casa de Dios, impresionado por el poder de Dios.

Pero ahora Jacob vuelve al mismo lugar y lo llama El-bet-el, que significa el Dios de la casa de Dios, ahora ya no está impresionado por Sus obras, ni por Su casa, sino por el Dios que hace las obras, el Dios que habita la casa, ahora conoce más a Dios, su amor, su fidelidad, su cuidado y protección.

Nos dice el texto bíblico que "Allí le había aparecido Dios, cuando huía de su hermano Esaú", aquí recordaba Jacob muchas cosas:

1. Que había engañado para heredar la bendición, usurpando el lugar de su hermano,

2. Que su hermano lo perseguía para matarlo,

3. Que en medio de la crisis, Dios le había aparecido y prometido Su bendición y protección,

4. Que Dios había cumplido Sus promesas guardándolo y prosperando su vida.

LA ANGUSTIA DEBE SER EXPUESTA Y DEPOSITADA EN LAS MANOS DE DIOS.

El versículo tres de éste mismo capítulo, nos amplía la información cuando Jacob dice: "haré altar al Dios que me respondió en el día de mi angustia", él huía bajo amenazas de muerte y llama a ese tiempo "el día de mi angustia".

El término angustia aquí es traducido del hebreo "tsará" que además significa: aflicción, aprieto, calamidad; pero Dios lo había protegido y librado del mal (éste es un altar para dar gracias a Dios por su protección y bendición.

Que importante es recordar que vamos al altar no sólo a pedir a Dios, sino también a adorar y agradecer todos Sus favores).

Jacob fue librado de la angustia (causada por el miedo que tenía al saber que su hermano Esaú pensaba matarlo). Dios por Su gracia y misericordia lo protegió y bendijo, le concedió una familia y le prospero con abundancia.

Jacob reconoce la bondad y fidelidad del Señor cuando dice: "Dios ha estado conmigo en el camino que he andado", pues ha recibido del Señor la protección y provisión a pesar de sus desaciertos.

Reconoce que no ha estado sólo, que Dios lo ha acompañado en todo "el camino", aunque seguro hubo momentos que lo harían pensar que Dios lo había dejado sólo; cómo a veces podemos pensarlo, pero recordemos que Dios ha prometido: "no te dejaré ni te desampararé".

Edificar nuestra comunión con Dios nos demanda fe, y sostenerla implica perseverancia, acudamos al altar de la comunión con Dios para solicitar de él Sus favores, pero también vamos a adorar y agradecer Su compañía, protección y provisión a lo largo de nuestro camino por ésta tierra, pues somos "extranjeros y peregrinos" camino al cielo.

Deposita en las manos del Señor tus preocupaciones, cargas y angustias, confía en él y él hará. Nunca preocuparse ha arreglado los problemas. Cuando hacemos todo lo posible por solucionar las dificultades, debemos confiar en Dios pues los milagros los hace el Señor. Confiar en Dios y caminar con él es definitivamente un estilo de vida.

Capítulo 14

SEÑALESDE UNA MALDICIÓN Y CÓMO ROMPERLA

Como pueblo de Dios somos llamados a ser diferentes, en nuestro estilo de vida, en nuestra devoción a Dios, en nuestra actitud frente a los problemas, en una vida coherente con la fe que profesamos.

También la Biblia nos enseña que ciertas señales del poder de Dios seguirán a Su iglesia en la tierra. Sin embargo a veces el hijo de Dios enfrenta ciertas situaciones ante las cuales no hay solución humana, y el cristiano debe contar con el discernimiento del Espíritu para luchar y enfrentar debidamente la dificultad o ataque espiritual.

Lo cierto es que "Mayor es el que está en nosotros, que el que está en el mundo".

La Biblia nos revela un importante principio: "Como el gorrión en su vagar, y como la golondrina en su vuelo, así la maldición nunca vendrá sin causa" Proverbios 26:2.

Así como Jesús dijo que "por los frutos los conoceréis", también podemos decir que las maldiciones tienen ciertas señales o evidencias a través de las cuales se dejan ver. Consideremos algunas:

A. Enfermedades genéticas o hereditarias. En este tipo de situaciones es fundamental observar en oración, y con la guianza del Espíritu Santo nuestro árbol genealógico (es decir nuestros antepasados).

De ésta manera podemos identificar factores repetitivos que han afligido a nuestras familias por mucho tiempo, y que al considerar las Sagradas Escrituras terminamos concluyendo que estas cosas no deben estar allí.

Por ejemplo: una enfermedad mortal que ha afectado a los miembros de la familia durante varias generaciones y aún en la actualidad.

B. Locura mental o emocional. En términos generales se concluye que son afectaciones generacionales (herencia), que son activadas en un tiempo específico de la vida por ciertas circunstancias que propician la manifestación de dicha situación.

La práctica del ocultismo es también otro factor que favorece o genera problemas mentales. Hablamos de prácticas como la brujería, hechicería, adivinación y otros, que conducen a la locura, depresión, desequilibrios mentales, y otros.

C. Desintegración y destrucción familiar. Podemos encontrar familias que experimentan divorcios, separaciones, infidelidades, y esto ocurre una y otra vez por generaciones.

También cuando vemos que padres e hijos han sido presa de las drogas, del ocultismo, continúas muertes violentas y suicidios, etc.

D. Ruina o insuficiencia económica continua, Génesis 4:11; 9:20-25. Observamos dos situaciones diferentes antes de la Ley: una maldición causada por el mismo Caín (por haber matado a su hermano), y una maldición que viene sobre un hijo (Canaán) por la conducta pecaminosa de su padre (Cam).

Cuando observamos todos estos estados de aflicción, es cómo si viéramos el resultado de las maldiciones de la Ley descritas en el Antiguo Testamento: ruina total, destrucción y muerte, fracasos continuos, sequía, locura, infidelidad, esclavitud, enfermedad, etc. Pero en Jesucristo encontramos completa redención, Gálatas 3:13-14.

El término redimir significa comprar un esclavo y sacarlo a la libertad. Debemos tener presente que la libertad en Cristo es integral, en él somos libres de condenación, libres de aflicción, libres del miedo, libres de la maldición.

En Jesucristo nuestra vida es diferente, en Cristo se rompe lo que ha afligido a nuestra familia, pues él viene con Su poder para romper las cadenas que han atormentado y afligido a las familias.

Recordemos que Dios también se presenta como el Dios de Abraham, Isaac y Jacob, es decir nuestro Dios es generacional, él no sólo quiere bendecir nuestras vidas, también quiere salvar y bendecir a nuestras generaciones.

El texto en Gálatas destaca las bendiciones alcanzadas: "la bendición de Abraham" y "la promesa del Espíritu", La Biblia en la versión D.H.H. dice así: "Esto sucedió para que la bendición que Dios prometió a Abraham alcance también, por medio de Cristo Jesús, a los no judíos; y para que por medio de la fe recibamos todos el Espíritu que Dios ha prometido". En Jesucristo alcanzamos las promesas de Dios para nosotros y para nuestra descendencia.

Debemos renunciar al pecado nuestro y al pecado de nuestros ancestros. Es decir tomar el lugar de nuestras generaciones y pedir perdón a Dios por sus pecados, como lo hizo Esdras por ejemplo en Esdras 9:6-15.

Debemos con la autoridad de Dios, cancelar las maldiciones y reprender todo espíritu inmundo que haya venido por esas causas; y luego de esto debemos declarar la Palabra de Dios, bendiciendo nuestra vida y nuestra descendencia, pronunciando las promesas de bendición del Señor para su pueblo.

El Señor ha planeado lo mejor para sus hijos y ha establecido toda la provisión en Cristo Jesús, éste es el tiempo para apropiarnos de su gracia, misericordia y bendición. Es tiempo de arrepentimiento, día de libertad, día de salvación, tiempo de bendición para nosotros y para nuestra descendencia.

Oración de perdón y liberación:

"Dios amado, en el nombre de Jesucristo te pido perdón por mis pecados, por los de mis padres y abuelos, te pido perdón por los pecados cometidos por mis ancestros, cuyas acciones hayan traído maldiciones sobre mi vida o sobre mi familia, te pido que tu poderosa sangre limpie nuestros pecados, gracias por tu perdón.

Hoy te pido Dios derrama tu gracia y salvación sobre mi familia, que tus bendiciones vengan sobre mi familia y descendencia, declaro tu palabra y tus promesas creyendo en tu fidelidad, pues para esto apareció el hijo de Dios, para deshacer las obras del diablo, hoy se rompen las cadenas de aflicción sobre mi casa y Dios derrama su amor, poder y bendición sobre mi vida, familia y descendencia".

Esperamos que este libro haya sido de tu agrado.
Te invitamos a suscribirte en nuestro sitio y recibir nuestras publicaciones, en: **www.estudiosysermones.com**

Muchas gracias.

Te presentamos otros libros del escritor Pastor Gonzalo Sanabria:

1) SERMONES PARA PREDICAR, TOMO 2.

Este libro está compuesto por sermones o mensajes útiles para estudiar y enseñar la palabra de Dios a grupos e iglesias. Estudios debidamente organizados, con alto contenido bíblico, enriquecidos con notas y comentarios que tienen en cuenta el contexto, la cultura, historia, geografía y significado de palabras claves (según sea el caso) sin dejar de lado las notas prácticas y actuales para nuestro diario vivir.

Puedes adquirirlo en Amazon.com: *"SERMONES PARA PREDICAR, Tomo 2"*

"SERMONES PARA PREDICAR, TOMO 3"

"SERMONES PARA PREDICAR, Tomo 4"

2) EL LENGUAJE DEL ESPÍRITU SANTO (Descubre los dones y el poder del Espíritu de Dios).

¿Qué tanto conocemos al Espíritu Santo? ¿Cuáles son y cómo funcionan los dones del Espíritu Santo? ¿Qué es la unción y cómo usarla correctamente? ¿Qué es la profecía y como examinarla correctamente? Estas y muchas preguntas más procuramos despejar en éste libro. Te invitamos a adquirirlo en Amazon.com: *"EL LENGUAJE DEL ESPÍRITU SANTO"*

3) SANIDAD PARA EL ALMA HERIDA:

Una realidad es que el alma ha sido lastimada o afectada a lo largo de la vida con una serie de experiencias traumáticas. Ignorar o no considerar esta verdad hace que muchas enfermedades, miedos y complejos afecten profundamente la vida del ser humano. Este libro es una herramienta o ayuda en éste proceso de sanidad o restauración. El Señor ha preparado para ti lo mejor, y la sanidad del alma es una sus grandes bendiciones. Sanidad, libertad y restauración para el corazón herido son los objetivos de éste libro. Te invitamos a adquirirlo en Amazon.com: *SANIDAD PARA EL ALMA HERIDA.*

4) ALIMENTO PARA EL ESPÍRITU (Reflexiones cristianas).

El Señor Jesús nos enseñó: "No sólo de pan vivirá el hombre, sino de toda palabra que sale de la boca de Dios", entonces es vital meditar y estudiar la Palabra de Dios. Cuando dejamos de hacerlo, nuestro espíritu se hace vulnerable y débil ante las tentaciones y obstáculos del diario vivir. Éste libro "Alimento para el espíritu" procura ser una herramienta de reflexión y edificación espiritual cristiana en medio de tu vida diaria. Te invitamos a adquirirlo en Amazon.com: *ALIMENTO PARA EL ESPÍRITU.*

5) ¿CÓMO ENFRENTAR Y SUPERAR LAS CRISIS?

Desde la perspectiva cristiana en éste libro se expone la realidad de las crisis, su diversidad, su impacto en nuestra humanidad, las diversas reacciones y por supuesto los principios cristianos para enfrentar y superar dichas circunstancias. Con fundamento cristiano exponemos las diversas maneras y actitudes de patriarcas, profetas, apóstoles y diversas personas ante las situaciones más adversas y cómo su fe en Dios los llevó a grandes victorias. Te invitamos a adquirirlo en Amazon.com: *¿Cómo enfrentar y superar las crisis?*

6) LOS ÁNGELES QUE SE CONVIRTIERON EN DEMONIOS (Demonología cristiana).

Los demonios o espíritus inmundos no nacieron como demonios, ellos se convirtieron en esa clase de seres. Surgen ante esto muchas preguntas como: ¿Cuándo fue su origen? ¿Cómo eran al principio? ¿Cuáles eran sus actividades? ¿Por qué se convirtieron en demonios? ¿Cómo y por qué dañan a las personas? ¿Cómo defenderse de éstos? ¿Qué enseña la Biblia al respecto? Te invitamos a adquirirlo en Amazon.com: *Los ángeles que se convirtieron en demonios (Demonología cristiana).*

7) PALABRAS QUE TRANSFORMAN EL CORAZÓN:

El libro contiene una serie de mensajes de inspiración y motivación cristianos para edificación y crecimiento personal y/o de grupos. Están enriquecidos con notas y comentarios de reflexión personal, históricos, culturales, etc, por eso puede tomarse como libro devocional o de reflexión diaria. Los cincuenta y dos mensajes (o sermones) están bosquejados de manera sencilla y fácil de usar. Es una herramienta útil para estudiar, enseñar y predicar la Palabra de Dios. Te invitamos a adquirirlo en Amazon.com: *Palabras que transforman el corazón.*

Puedes ver todos nuestros libros en: *página de autor Gonzalo Sanabria en Amazon.com*

Made in the USA
Monee, IL
26 June 2023

37631839R00046